Nom : _____

_____

Adresse : _____

_____

_____

Offert par :

_____

le _____ 201...

# martine
## à la foire

d'après les albums de Gilbert Delahaye et Marcel Marlier

La foire s'est installée sur la place du marché.

Aujourd'hui, Martine, Jean et Patapouf s'y amusent comme des petits fous.
Le manège tourne.
Les chevaux de bois montent et descendent.

Sur les balançoires, Martine
a l'impression de voler.
— **Plus haut, plus haut,**
crie-t-elle.
Pauvre Patapouf ! Il n'a
pas l'air très à l'aise.

Voici le Palais des glaces !
— **Hi Hi**, dans ce miroir, Patapouf est gros comme un ballon, dit Martine.
— On dirait qu'il va éclater, dit Jean.

C'est l'heure du spectacle de Monsieur Roberto.

— **Abracadabra,** dit le magicien. Attention, Patapouf ! Des souris vont sortir de mon chapeau !

— **Mmmm…** ça sent bon, dit Jean. Allons voir d'où ça vient.

— Voulez-vous des beignets aux pommes ou des nougats ?

— Je voudrais des beignets et une barbe à papa, répond Martine.

Un peu plus loin, ils s'amusent au jeu de massacre. Si on fait tomber les boîtes, on gagne des poupées ou un jouet. Ce n'est pas évident !

Maintenant, Jean joue au tir à pipe.
— Visez bien, dit le cow-boy. Il faut être très concentré.
**Bravo !** Vous avez gagné.

Au manège, Martine et Jean ont choisi la voiture rouge. Martine appuie sur la pédale. Elle tourne le volant. **Vroum !** C'est parti.

— Prends garde aux accidents, dit Jean.

Et maintenant, un petit tour en avion.
Comme c'est haut !
Patapouf se prend pour un aviateur.
Il a toujours rêvé de voler dans les nuages…

À la loterie, Martine tire le numéro huit.

Attention, la roue se met à tourner.

— **Youppie,** dit Martine. J'ai gagné une peluche.

Voici la ménagerie. Martine s'approche de la cage du singe.
**Et hop !** Il lui attrape son chapeau !
Comme il est amusant !

De retour au manège,
ils choisissent un scooter.
C'est Martine qui conduit.
À l'arrière, Jean est fier de
sa sœur.

Mais où est donc passé
Patapouf ?

— Tu entends cette musique ? demande Jean.
— Le concert près du Kiosque a commencé, répond Martine. Allons-y !
Les musiciens jouent du saxophone, du cor, de la trompette et de la grosse caisse.

— **Qui veut des ballons ?**
crie la marchande.
— Moi, dit Martine.
Je voudrais un bleu et
un rouge.
— Voici, Mademoiselle.
Faites attention,
ils pourraient s'envoler.

Avant de quitter la foire, Martine, Jean et Patapouf se font photographier. Un petit sourire… Voilà un chouette souvenir !

Il est temps de rentrer à la maison.

Quelle belle journée ! Demain, Martine et Jean auront plein de choses à raconter à leurs amis.

http://www.casterman.com
D'après les personnages créés par Gilbert Delahaye et Marcel Marlier / Léaucour Création.
Achevé d'imprimer en novembre 2011, en Chine. Dépôt légal : Mars 2012 ; D. 2012/0053/101.
Déposé au ministère de la Justice, Paris (loi n° 49.956 du 16 juillet 1949
sur les publications destinées à la jeunesse).
ISBN 978-2-203-04880-5
L.10EJCN000293.N001